ALPHONSE LEVEAUX

(A. JOLLY)

LA GRAMMAIRE

Notes pour servir à l'histoire d'une Pièce.

COMPIÈGNE

IMPRIMERIE A. MENNECIER & Cie

17, Rue Pierre-Sauvage, 17

1888

ALPHONSE LEVEAUX

(A. JOLLY)

LA GRAMMAIRE

Notes pour servir à l'histoire d'une Pièce.

COMPIÈGNE

IMPRIMERIE A. MENNECIER & CIE

17, Rue Pierre-Sauvage, 17

—

1888

LA GRAMMAIRE

Ma collaboration avec Eugène Labiche figure parmi les meilleurs souvenirs de ma vie. Les pièces, en trop petit nombre, que j'ai faites avec lui, ont plus ou moins réussi. Mais c'est surtout *La Grammaire* dont le succès a dépassé de beaucoup ce que nous espérions. J'ai pensé, pour occuper mes loisirs, à faire l'historique de cette petite comédie et à l'offrir aux lecteurs qui aiment les choses de théâtre, avec de nombreux fragments de lettres de Labiche qu'ils auront plaisir à lire. C'est de l'inédit de précieuse valeur, comme tout ce qui vient de ce rare et charmant esprit.

C'est en 1864 que je parlai à Labiche du sujet de *La Grammaire*. Il l'accepta et m'écrivit peu de temps après du château de Launois, en Sologne, où il résidait une partie de l'année :

« 1er août 1864.

« Mon cher ami,

« J'ai lu le scénario que tu m'as remis et je l'ai orné d'une petite note, afin de fixer mon impression. Il m'a semblé que dans ton intrigue tu ne faisais pas une part assez large à l'idée originale de la pièce. Tu t'es laissé entraîner par une petite histoire de mariage qui n'offre pas un grand intérêt et tu as négligé les développements de l'idée principale ; je veux parler de l'homme arrivé à une assez haute position et qui ne sait pas l'orthographe. La pièce est toute là, et il ne faut pas la chercher ailleurs. Nous nous occuperons de cela cet hiver à Paris. »

En janvier 1865, je passai six ou sept soirées chez Labiche, dans son hôtel de la rue Caumartin, pour faire avec lui le plan de *La Grammaire*. Cela fut très gai, et nous amusa beaucoup. Labiche trouva le mot *lacrymatoire* qu'un fougueux archéologue applique, par une déplorable erreur, aux débris d'un vase nocturne, et je n'en finissais pas de rire, tout en pensant qu'on ne pouvait guère risquer cette bonne plaisanterie devant le public. Je me trompais et bien au contraire le mot eut un succès prodigieux.

Quand notre travail fut terminé, Labiche fut très satisfait et me dit : « Vois-tu, en fait de plan, je m'y connais ; en voilà un qui est bon et maintenant la pièce est faite. » En effet, il est incontestable qu'un plan bien fait, développant une bonne idée, est la meilleure condition du succès. Le reste n'est plus qu'une question de plus ou de moins.

J'écrivis la pièce à Compiègne et quand elle fut achevée, je l'envoyai à Labiche qui me répondit le 23 juillet :

« . . . . J'ai lu notre petit acte et je trouve ton travail très réussi. Il y a quelques petites longueurs de dialogue qu'il sera facile de faire disparaître. Je tâcherai d'y ajouter un peu de brillant, surtout dans le rôle de Geoffroy que nous ne devons pas laisser écraser par celui de Lhéritier, sinon le compère Geoffroy pourrait bien refuser son rôle. C'est donc à parer ce coup que je vais travailler. . . . . »

« Paris, 20 octobre 1865.

« Cher ami,

« Voici notre petit acte. Renvoie-le moi

aussitôt que tu l'auras lu. Fais-moi part de ton impression.

« Je vais annoncer la chose à Dormeuil.

« A toi de tout cœur,

« EUGÈNE LABICHE. »

« P. S. — Cherche un titre. »

« Paris, 23 octobre.

« Mon cher ami,

« J'ai parlé de notre pièce à Dormeuil. Il l'attend avec une impatience que je vais encore aiguillonner par trois ou quatre jours de retard ; car je sais, par expérience, que les directeurs n'estiment que les pièces qu'on leur fait attendre un peu......

« Ton vieil ami,

« EUGÈNE LABICHE. »

Tout allait donc à merveille; mais ici il y eut un temps d'arrêt et, le 16 novembre, je reçus la lettre suivante de Labiche :

« Paris, 16 novembre 1865.

« Mon cher ami,

« J'ai enfin une réponse des directeurs du Palais-Royal au sujet de notre pièce. Je n'ai malheureusement pas une bien bonne nouvelle à t'annoncer. La pièce est reçue, cela va sans dire. Ils la trouvent gentille, mais un peu légère. C'est aussi mon avis. Je t'ai déjà dit que l'intrigue était un peu frêle et un peu unie. Mais nous nous sauverons par l'idée et par le détail. Ce caractère d'un ambitieux qui se trouve arrêté dans sa carrière par l'orthographe est une idée vraie et nouvelle au théâtre. Notre archéologue est charmant et je me tromperais bien si nous n'emportions pas un gentil succès....

« Ce qui me contrarie — et voilà la mauvaise nouvelle — c'est que nous ne serons pas joués cet hiver. Après ma grande pièce pour Geoffroy (1), il y en a une autre pour le même acteur de Barrière et Thiboust. Ces messieurs doivent, par traité, passer après ma grande pièce. Cela nous conduira au mois d'avril ou de mai, et je refuse formellement cette époque chérie des roses, mais fatale aux vaudevilles. Il a donc été convenu qne notre petite pièce serait reportée à l'hiver prochain. Elle fera spectacle avec une grande pièce de carnaval qui m'est commandée et dans laquelle ne sera pas Geoffroy. Je n'ai pu faire mieux et, d'ailleurs, je ne pouvais me montrer exigeant,

(1) *La Bergère de la rue Monthabor*, comédie-vaudeville en quatre actes.

vu le peu d'enthousiasme qu'on a montré pour notre pièce...... »

Cet ajournement à plus d'une année me parut fort dangereux. Pendant un séjour à Trouville en 1866, je trouvai, dans une jolie nouvelle de Charles Deslys, un archéologue assez ressemblant au nôtre. Si, dans cet intervalle de plus d'une année, ce même type eût paru sur une scène quelconque, c'en était fait de notre pièce ; nous arrivions trop tard, après d'autres, et l'effet sur lequel il nous était permis de compter était totalement perdu. Peut-être même n'aurait-on pas joué *La Grammaire*, ainsi devancée et n'ayant plus de primeur.

Il n'en fut pas ainsi heureusement, et la pièce, échappant à ce danger, n'eut plus qu'à subir, avant sa première représentation, de nombreux retards causés par l'immense succès de *La Vie Parisienne*. Labiche m'en rendit compte dans les lettres suivantes :

« Launois, 6 octobre 1866.

« Mon cher ami,

« .... J'ai parlé, dans mon court séjour à Paris, de notre petite pièce à Dormeuil et il a été convenu qu'on la mettrait en répétition aussitôt que la pièce d'Offenbach (1) serait passée.

« Il est vrai que cette pièce n'avance pas vite. Il s'agit de transformer Lassouche en ténor et il soutient qu'il n'est qu'un baryton. Gil-Pérez et madame Thierret cherchent encore leur note et ne sont pas sûrs de l'emploi chantant qu'ils doivent jouer. Le théâtre est dans un vrai pétrin. Les acteurs font des couacs et rendent leurs rôles. On agrandit l'orchestre des musiciens aux dépens du public et surtout du directeur. Cependant, j'espère que cet opéra passera vers le 1er novembre. Mais s'il a le succès de *La Belle Hélène*, cela pourra nous retarder ; car on ne donnera pas de pièces nouvelles tant qu'il fera de l'argent. Cela te donnera le temps de revenir et d'assister aux répétitions.

« Ce qui me console, c'est que nous sommes certains d'être joués en bonne saison. En matière de théâtre, je suis comme les hortensias, je crains le soleil. . . . . . .

« A toi,

« EUGÈNE LABICHE. »

(1) *La Vie Parisienne*, quatre actes.

« Paris, 9 novembre 1866.

« Mon cher ami,

« . . . . Tu as sans doute appris le grand succès du Palais-Royal, *La Vie Parisienne.* C'est insensé, c'est le genre Charenton ; cela n'a aucune forme comme pièce ; mais c'est amusant, grotesque, bouffon et spirituel. Il y a là un succès de trois mois qui va retarder notre petite pièce. Je suis allé voir les directeurs et il a été convenu que nous lirions, aussitôt le retour de Geoffroy qui a un congé d'un mois. Tu pourras donc assister à nos répétitions. Je te dirai que Geoffroy a lu la pièce. Il la trouve fort gentille et est très content de son rôle, à ce que m'a dit Dormeuil. Je te transmets cette opinion de notre principal interprète. Je pense qu'elle te fera plaisir. . . . . »

« Paris, 8 décembre 1866.

« Mon bon vieux,

« . . . . Je ne pense pas que nous lisions notre petit acte avant ton arrivée. *La Vie Parisienne* fait toujours des recettes folles — 4,200 francs — et naturellement le théâtre ne se presse pas de renouveler son répertoire. Je crains que ce succès ne se prolonge jusqu'au mois de mars et ne se trouve ravivé à cette époque par l'Exposition (1)........ »

« Launois, 18 avril 1867.

« Mon cher ami,

« Il est curieux que je prenne la plume en Sologne pour te donner des nouvelles de Paris. J'ai vu Plumkett (2) la veille de mon départ et voici quels étaient les projets de la Direction : vendredi 26, bénéfice de Lhéritier avec *La Poudre aux Yeux*, et samedi 27, première de *La Grammaire*. Prépare donc tes émotions ; car le moment approche. Mais tout cela peut être modifié si les recettes de *La Vie Parisienne* se soutiennent. Dans tous les cas je compte arriver à Paris le 26 à quatre heures. Je veux être à la première de notre pièce pour jouir de ta venette et te soutenir au besoin.

« Je pense qu'on répétaille de temps en temps. Tu feras bien d'aller au théâtre pour savoir si les dispositions sont changées. »

« Paris, 8 mai 1867.

« Mon vieux bonhomme,

« Notre petite pièce n'a pas de veine. Les

(1) L'Exposition universelle de 1867.

(2) L'un des directeurs du Palais-Royal.

recettes de *La Vie Parisienne* baissaient..... que c'était un sucre! — 1,500 fr. : 1,400 fr. — Enfin, nous allions passer.... mais crac! — Vois la destinée! — Dimanche, madame Thierret se disposait à payer son fiacre, lorsque le cheval s'emporte — un cheval de fiacre! — et les deux roues lui passent sur les pieds. Voilà la combinaison de *La Poudre aux Yeux* renversée. Que mettre à la place? Ils n'ont rien, absolument rien. Dormeuil se tire la barbe et Plumkett s'arrache les cheveux...

« Je t'écrirai dans quelques jours quand il y aura quelque chose de décidé.

« La chaleur est accablante et, entre nous, si le temps voulait me promettre de se mettre un peu au frais, je ne regretterais pas trop ce retard. »

« Paris, 18 mai.

« Mon cher ami,

« Un mot seulement. Les pluies ont fait remonter les recettes de *La Vie Parisienne*, ajoute à cela l'annonce, sur l'affiche, des dernières représentations et tu comprendras cette recrudescence. Enfin, on fait 3,400 et 3,500. Mais voici le soleil et les recettes ne tarderont pas à redescendre. Mais le baromètre baisse de nouveau et alors les recettes remonteront. Ça peut durer comme cela jusqu'à la fin du monde.

Je t'écrirai quand je serai positivement fixé sur le jour de la représentation..... »

« Paris, 22 mai.

« Mon cher ami,

« .... Rien de nouveau au Palais-Royal. On annonce, tous les jours, les dernières de *La Vie Parisienne*, et comme la pluie est revenue, on fait invariablement plus de 3,000 francs. Je reçois de temps en temps un bulletin de répétition que je mets au panier........

« Ton gros bonhomme,

« EUGÈNE LABICHE. »

« Paris, 15 juin 1867.

« Je reçois ta lettre aujourd'hui et je m'empresse d'y répondre. Quand il fait très chaud, le Palais-Royal fait 3,000 francs avec *La Vie Parisienne ;* mais, dès qu'une petite brise s'élève, il remonte tout de suite à 3,500. On nous répète de temps en temps. Mais je ne m'en occupe pas ; cela n'est pas sérieux. On m'a apporté hier un bulletin portant *Blanche* et un aujourd'hui, *La Poudre aux Yeux.* C'est pour amuser le tapis et empêcher les rats de manger le théâtre.

« Madame Thierret a, en effet, rompu avec

le Palais-Royal. On m'a donné, pour la remplacer (1), une autre duègne dont j'ai oublié le nom. Elle n'est pas comique, mais elle est très comme il faut. Elle a toutes les traditions du Conservatoire. Elle prononce admirablement. Je l'apprécie comme sourd ; mais je pense qu'elle ne fera pas sourciller.

« Maintenant, quand serons-nous joués ? Personne ne le sait, mais sois tranquille. Je t'avertirai à temps......

« A toi de vieille amitié,

« EUGÈNE LABICHE. »

« Rueil, 12 juillet 1867.

« Mon cher ami,

« La petite pièce que nous couvons depuis si longtemps va enfin éclore. Voici le programme du théâtre — s'il ne survient pas de changement. — On doit jouer, mardi 16, *La Poudre aux Yeux*, et une autre petite pièce au bénéfice de Lhéritier, et le mercredi 17, *La Grammaire* et une pièce de Lambert Thiboust qui vient de mourir subitement et que nous enterrons demain. J'irai tous les jours à Paris pour suivre les répétitions. Ma présence ne sera pas très nécessaire pour

(1) Dans *La Poudre aux Yeux*.

La Grammaire qui marche admirablement; mais j'ai besoin d'assister aux répétitions de *La Poudre*. Je ne négligerai pas notre pièce, sois tranquille.

« S'il survient un nouveau changement, je t'en avertirai.

« Ton vieux,

« EUGÈNE LABICHE. »

Enfin, la première de *La Grammaire* eut lieu, non pas le 17, mais le 26 juillet. Labiche n'y assista pas. Il y perdit; car ce fut une première exceptionnelle et un grand succès. Un véritable contentement régnait dans toute la salle. Après la chute du rideau, j'allai au théâtre où je reçus les plus vives félicitations. Je remerciai les acteurs, Lhéritier et surtout Geoffroy qui avait été parfait de tout point. J'embrassai de bon cœur la gentille Emilie Worms; c'est l'usage, même pour les tantes et les mamans, et cette fois, j'avais bonne chance : car il n'y avait dans la pièce ni tante, ni maman.

Les feuilletons traitèrent à merveille *La Grammaire*. Paul Foucher commença ainsi le sien dans le journal *La France* :

« Je ne sais si je me trompe; mais cette petite comédie de *La Grammaire*, représentée au Palais-Royal, me semble tout simplement un chef-d'œuvre.... »

Continuons à citer la correspondance de Labiche : mes lecteurs ne s'en plaindront pas.

« Lagrange (1), 14 août 1867.

« Mon bon vieux,

« Nous voici installés à Lagrange depuis cinq jours et nous y jouissons d'une chaleur torride qui doit avoir fait baisser considérablement les recettes des théâtres. Quand je suis parti, nous flottions entre 1,800 et 2,000 fr. Mais aujourd'hui je n'oserais aller aux informations. Mais l'honneur est sauf, et la pièce, qui a une excellente réputation, restera sans doute longtemps au répertoire.

« Tu as dû lire le feuilleton de Paul Foucher. Il est impossible d'être meilleur et plus élogieux. Je lui ai adressé une carte ; ce que je ne fais que dans les cas exceptionnels.

« Je ne sais si tu as reçu les brochures de *La Grammaire*. Si tu ne les as pas reçues, ne t'étonne pas de ce retard. Car j'ai refusé

(1) Labiche faisait, de temps en temps, séjour chez son beau-père, M. Hubert, au château de Lagrange, près de Brie-Comte-Robert.

d'accepter l'édition qu'on nous a faite. Le format en est long, mince, mesquin et honteux. J'ai laissé le tirage pour compte de l'imprimeur, qui n'a pas exécuté les instructions qu'il avait reçues. On va donc faire un autre tirage dans le format du *Pied dans le Crime* et du *Fils du Brigadier*, au moins ce sera présentable. Je vais vendredi à Paris et je te ferai envoyer de nouvelles brochures si elles ont paru......

« Ton gros bonhomme,

« EUGÈNE LABICHE. »

« Launois, 18 septembre 1867.

« Bonjour, mon bon vieux, qu'est-ce que tu deviens ? Nous sommes en Sologne depuis douze jours et nous songeons déjà au retour. La cloche du collége va nous rappeler (1). Nous ferons, le 6 octobre, notre entrée triomphale dans Paris. Ici je ne fais rien du tout. Je chasse, je m'éreinte, je fais six lieues par jour à la poursuite de perdreaux rouges. J'ai eu la pensée de t'en envoyer une bourriche. Mais Compiègne est si loin de Launois que mes perdreaux seraient arrivés chez toi à l'état de guano.

« *La Grammaire* va toujours son petit bon-

(1) Pour son fils André.

homme de chemin. Quand j'ai quitté Paris, nous faisions entre 2,000 et 2,500 francs de recette. *La Mariée du Mardi-Gras* nous aidait. Maintenant je ne sais pas où nous en sommes.

« As-tu reçu les brochures ? L'édition a paru. Elle est très flatteuse à l'œil. Si tu n'as pas tes exemplaires, écris à Louis Lacour, 10, rue de la Bourse, de te les envoyer........

« A toi de tout cœur.

« EUGÈNE LABICHE. »

La pièce occupa l'affiche pendant plus de trois mois. Elle fut traduite en allemand et plus tard en anglais. Elle a été jouée dans les cinq parties du monde, moins souvent, toutefois, en Chine et dans l'Océanie qu'à Paris et dans nos grandes villes de France.

La brochure est à sa dix-neuvième édition.

Labiche a placé *La Grammaire* dans le second volume de son Théâtre.

Le 11 novembre 1869, l'Empereur étant à Compiègne, je reçus de M. Plumkett le mot suivant :

« Cher monsieur,

« J'ai vu, ce matin, M. de La Ferrière (1) et

(1) Surintendant des théâtres de la Cour.

j'ai arrêté avec lui notre spectacle de samedi à Compiègne :

« *La Grammaire*,
« *La Consigne est de ronfler*,
« *Le Camp des Bourgeoises*.

« Je me hâte de vous en donner avis.

« Tout à vous.... »

La représentation marcha bien et Geoffroy fut tout à fait excellent.

Le surlendemain, dans une soirée très brillante et très animée qui eut lieu au Palais, M. de La Ferrière me présenta comme l'un des auteurs de *La Grammaire* à l'Empereur qui m'adressa quelques gracieuses paroles.

Vers la fin de janvier 1870, au dernier bal qui fut donné aux Tuileries, le général Frossard vint à moi et me dit : « *La Grammaire* sera jouée ici mardi prochain par le Prince impérial et ses amis. N'en dites rien à personne, je vous prie. Nous désirons beaucoup que les journaux n'en parlent pas. » Je remerciai le général et lui promis d'être discret. C'était bien inutile ; le lendemain cinq ou six journaux en parlaient et la presse entière les jours suivants.

La représentation eut lieu, en effet, le mardi 1er mars. Les rôles étaient tenus par le Prince impérial et ses amis, Jules Espinasse, Maxime Frossard et Conneau. Il va sans dire que les acteurs furent applaudis et rappelés avec acclamations.

Un an après cette fête de famille, les Tuileries étaient dévorées par les flammes que les tristes héros de la Commune avaient allumées en fuyant, et longtemps encore leurs ruines béantes rappelèrent ces douloureux souvenirs, comme un terrible exemple des horreurs de la guerre civile.

La Grammaire fut reprise au Palais-Royal en 1874, et voici ce que Labiche m'écrivait à ce sujet :

« Paris, 4 mars 1874.

« Mon cher ami,

« Je trouve ta lettre ce soir en revenant du Palais-Royal où j'étais allé pour revoir *La Grammaire*. Tu aurais bu un tonneau de lait si tu avais été dans la salle. L'effet est encore plus grand que dans la nouveauté, et dans toute la salle il n'y a qu'un cri : « C'est charmant ! » Geoffroy est admirable de comique et de vérité. La pièce exerce une très notable influence sur les recettes. On flotte entre 2,800 et 2,400, ce qui est très beau par le temps qui court ; car les théâtres ne font pas de brillantes affaires.......

« A toi de tout cœur,

« EUGÈNE LABICHE. »

Quelques mots de ma réponse datée de Compiègne, 11 mars :

« Mon vieil ami,

« Tu penses bien que j'ai lu avec un vif plaisir ce que tu me dis de la reprise de *La Grammaire*. Je te prie, quand tu iras au Palais-Royal, de faire mes compliments à Geoffroy que je regarde à juste titre comme un des premiers comédiens de notre temps. Il est spirituel, habile, essentiellement sympathique ; il a la bonne humeur et surtout le naturel à un degré parfait. Mieux qu'aucun autre, quand il tient un bon rôle, il nous fait oublier que nous sommes au théâtre et que ce n'est pas la réalité même que nous avons sous les yeux ... »

La Grammaire fut reprise encore plusieurs fois au Palais-Royal dans les années qui suivirent.

Le 4 mai 1879, j'écrivais à Labiche :

« Mon gros bonhomme,

« Voilà bien des nouvelles et de bonnes

nouvelles ! D'abord ta candidature à l'Académie française. Je ne doute pas du succès et j'en serai presque aussi heureux que toi. Puis la reprise du *Voyage de M. Perrichon* à l'Odéon. J'ai lu ce qu'en dit Vitu dans *le Figaro*. C'est charmant et jamais auteur dramatique n'a été si bien traité : « .... Labiche, dit-il, est un maître qui connaît ses distances et qui ne souffrirait pas que personne se mette devant, quand il contemple le buste de Molière. »

« Et *La Grammaire* qu'on vient de reprendre au Palais - Royal. Sarcey, dans son feuilleton du *Temps*, a parlé de *notre petit chef-d'œuvre* d'une façon parfaite. Il est tout simple que j'approuve sans réserve un pareil éloge et que je me plaise à le répéter. Je ne peux cependant tout citer : « Aucun des vaudevilles de Labiche, dit Sarcey, n'a obtenu, près du public, plus de succès ; aucun n'est plus connu.... On attend les mots de *La Grammaire* au passage ; on rit après qu'ils sont lancés.... »

« Et puis, une phrase très délicatement tournée : « Il y a des rires désintéressés qui s'échappent, ailés et frais, comme ceux de l'enfant qui rit à la mamelle sans savoir pourquoi, et ces rires-là sont ceux que provoquent les Regnard et les Labiche. »

« Tu vois, c'est splendide ! te voilà merveilleusement apparenté. Quand ce n'est pas Molière, c'est Regnard, et, à la rigueur, on pourrait s'en contenter.

« En résumé, tout cela est une très bonne préparation pour ta candidature à l'Académie qui va marcher toute seule. Toutefois, ne néglige rien comme visites et petits ennuis, pour la seconder.....

« Ton vieil ami.... »

Autre lettre :

« Compiègne, 15 septembre 1879.

« Mon cher ami,

« Nons sommes revenus hier soir de Trouville où nous avons passé une semaine agréable, et j'ai trouvé, en rentrant, ta lettre du 10 septembre. Puis, j'ai reçu, ce matin, ton dixième volume. Voilà deux bonnes choses qui augmentent le plaisir toujours sensible du retour à la maison.

« Nous sommes allés à Paris d'abord et nous avons revu en famille *La Grammaire*. J'avais adressé un petit mot à la Direction pour demander une loge qui m'a été gracieusement donnée. La pièce a été très bien jouée et produit toujours un effet excellent. Mais il faisait très chaud ce jour-là et la salle était à moitié vide. J'ai été un moment au théâtre dire bonsoir à Geoffroy et à Lhéritier. Il y avait là mademoiselle Lemercier qui joue très gentiment le rôle de Blanche. Aussi me suis-je empressé de la complimenter avec un choix d'expressions des plus heureux. Cela m'a paru ne pas lui déplaire. Il est, en vérité, de ces moments où l'on fait un triste retour sur le passé, en regrettant de n'être plus qu'un vieux bonhomme...

« Tout à toi.... »

En 1883, j'eus le plaisir de lire dans *le Journal des Savants* ces premières lignes d'un article de M. Georges Perrot, de l'Institut, portant ce titre : *Les Céramiques de la Grèce propre* :

« On s'est moqué beaucoup, et quelquefois avec esprit, des antiquaires qui ramassent les anses de cruches et qui cataloguent les vieux tessons ; quiconque connaît ses classiques n'a point oublié ce personnage de la comédie qui prétend restituer « *un lacrymatoire de la décadence* » avec les débris d'un vase très moderne que je n'ose nommer ici. Les archéologues entendent la plaisanterie. Il y a quelques années, dans une fête universitaire, à Leyde, des acteurs français ont représenté, par ordre, *La Grammaire* de M. Labiche. Ils .ne jouaient pas, comme à Tilsitt, devant un parterre de rois ; mais, du haut en bas, la salle était remplie de savants dont plus d'un avait sur la conscience des pots cassés minutieusement décrits et commentés à grand renfort de textes. Jamais pourtant ce joyeux vaudeville n'eut un plus grand succès de rire...... »

Voilà donc, ainsi que le fait entendre M. Georges Perrot d'une façon très spirituelle, *La Grammaire* rangée parmi les classiques qu'il est peu permis de ne pas connaître. « *La Grammaire* est, chez les Anglais, un livre de classe, a dit Sarcey dans un de ses feuilletons du *Temps*. J'ai entre les mains une édition à l'usage des écoles de Londres... »

Et dernièrement on lisait dans *le Figaro* :

« M. Georges Pétilleau, représentant de la Société des Gens de Lettres en Angleterre et professeur au lycée de Charterhouse, a eu l'excellente idée de répandre dans les écoles britanniques quelques-uns des chefs-d'œuvre de la littérature contemporaine, théâtre, romans, etc. *La Grammaire, Le Voyage de M. Perrichon, Le Gendre de M. Poirier, Eugénie Grandet*, etc., sont devenus par lui des livres classiques et c'est ainsi que la jeunesse d'Outre-Manche s'est familiarisée avec notre langue..... »

Jules Claretie, dans une biographie très réussie d'Eugène Labiche, publiée en 1884, parlait ainsi de *La Grammaire* :

« Il y a tels vaudevilles de Labiche qui sont, comme eut dit Flaubert, *molièresques*. J'aime entre tous ces petits actes, légers et profonds à la fois, cette admirable *Grammaire*.... La fausse science, la pose, les ambitions niaises, tout le ridicule de notre race bourgeoise n'ont jamais été mieux fustigés, plus joliment, sans aigreur, bonnement, gaiement, que dans ces comédies de mœurs moyennes où Labiche excelle..... »

En septembre 1887, le Vaudeville reprit *La Grammaire*. Ce n'était plus Geoffroy, ni Lhéritier. Mais la pièce ne fut pas mal jouée. Elle eut soixante-dix représentations de suite et la presse parla de cette reprise avec les plus vifs éloges. Le 20 octobre, Labiche m'écrivait :

« .... Je te dirai que notre affiche du Vaudeville se comporte très bien. Les recettes sont bonnes. L'Empereur du Brésil est venu nous voir et il a daigné dire : « Cette *Grammaire* est un petit chef-d'œuvre. » Ces Brésiliens ne sont vraiment pas bêtes.....

« Adieu, mon bon vieux... »

Hélas ! oui, c'était bien un adieu, un triste et suprême adieu. Labiche mourait quelques mois après et je perdais en lui mon meilleur ami.

Novembre 1888.

COMPIÈGNE. — IMPRIMERIE A. MENNECIER ET Cie.

www.ingramcontent.com/pod-product-compliance
Ingram Content Group UK Ltd.
Pitfield, Milton Keynes, MK11 3LW, UK
UKHW012309240726
13966UKWH00004B/1749